Edwin Bormann

Der Kampf um Shakespeare

Humoristisches Märchendrama in einmen Akte

Edwin Bormann

Der Kampf um Shakespeare
Humoristisches Märchendrama in einmen Akte

ISBN/EAN: 9783743414105

Hergestellt in Europa, USA, Kanada, Australien, Japan

Cover: Foto ©ninafisch / pixelio.de

Manufactured and distributed by brebook publishing software (www.brebook.com)

Edwin Bormann

Der Kampf um Shakespeare

Der

Kampf um Shakespeare.

Humoristisches Märchendrama

in einem Akte.

Von

Edwin Bormann.

Leipzig
Edwin Bormann's Selbstverlag.
1897.

Alle Rechte vorbehalten.

Das Recht der Aufführung erwirbt man bei der „Deutschen Genossenschaft dramatischer Autoren und Komponisten in Leipzig".

Druck von Fischer & Wittig in Leipzig.

Den

deutschen Bühnenkünstlern

in Verehrung gewidmet

vom Verfasser.

Personen.

Frau Hurtig, die Wirthin der Schänke zum Wildschweins-Kopf.
Dortchen, ihre Nichte.
Falstaff.
Polonius.
Prinz Heinrich.
Hamlet.
Bankier Shylock-Cohn.
Lord Oberrichter.
Erster Konstabler.
Zweiter Konstabler.
Francis Bacon.
Jack Cade.
Dick der Metzger.
Schmidt der Weber.
Ein Volkshaufe.
Puck und andere Shakespeare-Gestalten.

Ort der Handlung: London. Eine Stube in der Schänke zum Wildschweins-Kopf.

Zeit der Handlung bleibt dem Scharfsinn des Publikums überlassen.

Musik aus Felix Mendelssohn-Bartholdys Sommernachtstraum.

NB. Die Musik ist eine schöne Zuthat, aber zur Aufführung nicht unbedingt erforderlich.

Ouverture zum Sommernachtstraum.

Erste Scene.
Frau Hurtig und Dortchen. Falstaff tritt ein.

Falstaff.
Frau Hurtig, schnell 'ne Bulle Sekt!
In Deutschland hat man ausgeheckt,
Der ganze William Shakespeare sei
Nichts als Geheimnißkrämerei.
Prinz Hamlet soll ein Doktor sein,
King Lear Geschäftsmann — wie gemein!
Selbst Ihr und ich, so denkt doch nur,
Sind parabolischer Natur!
Mich hat's beinah' zu Tod erschreckt —
Frau Hurtig, schnell 'ne Bulle Sekt!

Frau Hurtig bringt Sekt.
Wie? was? wir wären doppelsinnig?!
Ein ehrbar Weib, Herr Ritter, bin ich.

Und jedem sag' ich's in's Gesicht:
Zweideutigkeiten duld' ich nicht.
Laßt mich mit derlei Zeug in Ruh'!

Falstaff.

Nun, Dortchen, was sagst du dazu?

Dortchen.

Zu mancherlei bin ich kapabel,
sittlich entrüstet
Doch nie zu so was wie Parabel!

Falstaff.

Und doch scheint etwas dran zu sein.
Frau Hurtig, schnell 'nen Knickebein!
Ich glaub', ich krieg' die Kolik —
Verwünschte Parabolik!

Zweite Scene.

Polonius ist während der letzten Worte eingetreten
und setzt sich an einen Nebentisch.

Polonius.

Charmante Leute! Was muß ich hören?
Leute, die gleichfalls den Unsinn verschwören?
Zu meiner Befriedigung find' ich hier Wesen,
Die das Literar'sche Centralblatt gelesen! —
Verehrte Frau Wirthin, brächten Sie mir
Ein Töpfchen nicht allzustarkes Bier?

Ein Bier — ich mache nicht gern viel Worte —
Mit einem Wort, von der dünneren Sorte.

Falstaff schüttelt sich.

Polonius.

Sie sprachen, Verehrt'ste, wenn recht ich gehört,
Von dem Wahne, der jetzo die Deutschen bethört.

Frau Hurtig zieht das Taschentuch.

Man will unsre Reputation uns rauben.

Dortchen.

Shocking, Mylord! 'S ist kaum zu glauben.

Polonius.

Und nicht genug, meine Theuern, daran —:
Man raubt uns auch Shakespeare, den herrlichen Mann

Falstaff.

Frau Hurtig, ein Fläschchen! Mir wird es ganz schwach!

Frau Hurtig bringt Sekt.

O Jammer!

Dortchen.

O Schande.

Falstaff.

Pfui Teufel!

Polonius.

Ach! Ach! —
Der Bacon, der Kanzler, meine Lieben,
So heißt es, der habe den Shakespeare geschrieben.

Falstaff.
Der Kaffer? Der schrieb ja doch meistens Latein.

Dortchen.
Wie kann so'n Philister ein Dichter sein?!

Frau Hurtig.
Und mir bleibt vor Lachen die Puste fast weg,
Denn „Bacon" — soviel ich verstehe — heißt „Speck"!

Falstaff.
Der Dichter Speck!

Polonius.
Es ist zum Lachen.

Frau Hurtig und Dortchen.
Dann kann ein Schwein auch Verse machen.

Dortchen.
Genug, genug! ich komm' sonst um.

Falstaff.
Frau Hurtig, schnell ein Gläschen Rum!

Polonius.
Dem Unfug muß man gründlich steuern;
Wir müssen Shakespeare's Ruhm erneuern.

Falstaff in Fechterstellung.
So lieg' ich und so führ' ich meine Klinge.

Polonius.
Vereinte Kräfte wirken Wunderdinge.

Wir gründen — Weh' den Feinden, Weh'! —
Ein Anti-Bacon-Komitee.

Er reicht nach rechts und links die Hände. Alle vier bilden eine Kette.

So geht Gelahrtheit Hand in Hand
Mit dem gesunden Menschenverstand.

Alle Vier.

Wie Donnerhall erschall' es drein:
Shakespeare soll ewig Shakespeare sein!

Dritte Scene.

Prinz Heinrich und Hamlet treten ein.

Falstaff.

Mein Prinz, mein Heinrich, Herzensjunge,
Ich grüße dich mit Hand und Zunge!

Prinz Heinrich.

Der scheint heut' wieder gut im Schwunge!

Falstaff.

O Prinz, Ihr kommt uns grade recht.
Führt Euern Beutel in's Gefecht
Und tretet für die Unschuld ein:
Protektor vom Anti-Bacon-Verein.

Polonius.

Prinz Hamlet darf ich gleichfalls hoffen,
Daß Eure Börse für uns offen?

Hamlet.

Steht denn ganz London auf dem Kopf?
Jetzt kommt mir gar der seichte Tropf!
Wohin man hört, da tritt zu Tage
Die kühne Bacon-Shakespeare-Frage.

Falstaff.

Ich, meine Herrn, ich — 'ne Parabel?!
Ich werde schamroth bis zum Nabel.

Dortchen.

Wer da verbreitet solche Fabel,
Verdient ein Pflaster vor den Schnabel!

Frau Hurtig.

Was?! der mich und Dortchen schuf,
Sei Gelehrter von Beruf?

Falstaff.

Planvoll habe er gedacht,
Wenn er Narren-Jux gemacht?

Frau Hurtig.

Und er soll an allen Ecken
Voll geheimer Weisheit stecken?

Polonius.

Freunde, ruft ein kräftig Nein!
Wer da will ein Dichter sein,
Halte die Gelehrsamkeit
Sich vom Halse meterweit.

Dortchen.
Sprudeln muß sie, leicht und frei,
Alle wahre Poesei!

Polonius.
Jeder noch so leise Zwang
Hemmt den Pegasus im Gang.

Hamlet.
Nun, wenn ich's versucht zu dichten,
Stört das Denken mich mit nichten.
Freilich Ihr, Polonius,
Ihr verliert den Schenkelschluß.
Leicht und seicht und Worte, Worte —
Das ist Eure Dichtungssorte.

Prinz Heinrich.
Ihr, die Ihr's dem Dichter wehrt,
Daß er irgendwo gelehrt —
Sagt, wie kommt's bei Shakespeare dann,
Daß er so viel weiß und kann,
Was im zwanzigsten Jahrhundert
Selbst Gelehrte noch verwundert?

Polonius.
Edler Prinz, so fragen Sie?
War denn Shakespeare nicht Genie?

Prinz Heinrich.
Genie! Genie! so rufen sie.
Doch was, Ihr Herrn, was ist Genie? —

Genie ist eines jener Worte
Von der beliebten Gummisorte;
Die dehnt und drückt ein kluger Mann
Zu was er grad' sie brauchen kann.

Polonius.

Bekannt ist's längst den Philologen:
Es ist ihm Alles angeflogen.

Prinz Heinrich.

Gestattet mir die Frage dann:
Warum fliegt Euch nie so was an?

Falstaff.

Gelehrsamkeit ihm zuzusprechen,
Scheint mir ein Kapitalverbrechen.

Dortchen.

Er war so lieb und ungenirt,
Mich hat er, ach, wie oft poussirt!
Wie oftmals wiegt' er mich im Schooß —
Das Dichten trieb zum Spaß er bloß.

Hamlet.

Mein schönes Fräulein, darf ich wagen,
Ein Wörtchen auch dazu zu sagen?

— —

Immer glaubt' ich, wer was weiß,
Scheue Mühe nicht und Fleiß;
Immer glaubt' ich, wer was kann,
Spanne seine Kräfte an;
Selbst dem allerklügsten Tropf

Flög' die Weisheit nicht in Kopf;
Selbst das größte Künstlerherz
Sei kein bloßer Zufallsscherz.
— Nur bei Shakespeare ganz allein
Soll die Sache anders sein? —
Er, der Alles kann und weiß,
Brauchte weder Müh' noch Fleiß?!
Er, der Alles weiß und kann,
Ward im Schlaf ein ganzer Mann?!
Alles, was da schön und groß
Fiel ihm reif in seinen Schooß?!
Alles schenkt' ihm früh und spät
Seine Genialität?! — —
Sagt mir, wie ich's fassen soll.

Polonius für sich.

Der Kerl ist, wie gewöhnlich, toll.

Prinz Heinrich.

Ja, bester Freund, das muß ich sagen,
Mir will's durchaus nicht schlecht behagen,
Wenn der, der mich und Euch erschuf,
Ein ernster Kanzler von Beruf.
Ich, wahrlich, fügte mich darein.

Polonius.

Nein, nein, o Prinz, es kann nicht sein.
Ich kenne den Gelehrtengeist
Und als Gelehrter ruf' ich dreist,
Daß von uns keiner Mann für Mann

So was wie Shakespeare dichten kann.
Und drum ist zu behaupten Pflicht:
Der Bacon konnt' erst recht es nicht!

Vierte Scene.

Shylock, zum Cohn modernisirt, tritt auf.

Shylock-Cohn.

Wirthschaft! — *Er erblickt Dortchen.*
Niedliche Person!
Das is was fier dich, fraind Cohn!
Eine Röderer carte noire
Und 'ne Portion Kaviar!
Stellt sich vor.
Bankier Moses Shylock-Cohn.
Hörte viel von Baco schon;
'S int'ressirt Sie, nicht wahr nicht,
Was der Cohn darieber spricht?
Bleedsinn! Schwindel! Mumpitz! spricht er.
Shakespeare is mai Lieblingsdichter.
Maine Herren, dann und wann
Hört er wirklich hibsch sich an.
Ganz besonders wenn das Stick
Aufgefrischt wird mit Musik.
Wurde doch erst gestern eben
Verdi's Falstaff hier gegeben.
Ich blieb anderthalben Akt;
Mächtig hat es mich gepackt!

Daß das Stück von Baco sei,
fiel mir nicht im Traume bei.
Hamlet.
Bitte, Bacon heißt der Mann.
Shylock-Cohn.
Auf das „n" kommt wenig an.
Hamlet.
Gut, dann nenn' ich ebenso
Sie statt Cohn bloß Bankier Co.
Shylock-Cohn.
Ob nu mit, ob ohne „n" —
Was war schließlich Baco denn?
Doch de Firma Shylock-Cohn
Zeichnet so von Alters schon.
Niemand löst än' Wechsel ein,
Steht statt Cohn — Co auf dem Schein.
Falstaff.
Cohn, Sie treten stantepe
In das Anti-Komitee.
Shylock-Cohn.
Was, ein Baco-Ulk-Verein?
Da muß Cohn mit drinne sein.
Der Gedank' is wunderscheen!
Hier sind tausend Gold-Guineen.
Prinz Heinrich.
Mein verehrter Bankier Cohn,
Lasen Sie im Bacon schon?

Shylock-Cohn.

Hm hm ...

Er zieht sich mit Dortchen schäkernd in den Hintergrund zurück.

Prinz Heinrich.

Doch Polonius
Las den Baron mit Genuß?

Polonius.

Hm, hm ...

Er setzt sich an's Nebentischchen.

Prinz Heinrich.

Edler Ritter, Sie
finden ja die Zeit wohl nie.

Falstaff.

Hm, hm ...

Er geht und schänkt sich auf's Neue ein.

Prinz Heinrich.

Hm, hm ...!? — So ist mir's stets ergangen,
Wenn ich zu fragen angefangen.

Shylock-Cohn.

Und Eins, Ihr Herren, is doch klar:
Wer so dramat'sch wie Shakespeare war,
Der mußte hinter den Kulissen
Bescheid wie kaum ein andrer wissen.

Prinz Heinrich.

Dann wundert's mich nur, lieber Cohn,
Daß Sie nicht längst ein Shakespeare schon.

Dortchen.
Cohn, den Gedanken find' ich nett,
Behandle Hamlet als Ballet!

Shylock-Cohn singt nach bekannter Melodie aus Offenbachs Orpheus:
Als ich noch Prinz von Skandinavien ...

Hamlet.
Ein Goethe las die Shakespeare-Dramen
Und gab dem Meister jenen Namen
(Sein Scharffinn fand die rechte Spur):
Epitomator der Natur,
'Nen Dichter, der die Bretterwelt
Nicht für die höchste Bühne hält.

Shylock-Cohn.
Ach, gehen Sie mir, Prinz, mit Goethe!
Nie war er im Behaupten blöde.
Wie grindlich hat er sich blamirt,
Als er die Pflanzen metaphirt!

Hamlet.
So wird ein Goethe denn verlacht,
Der mehr als Hunderte vollbracht?

Prinz Heinrich.
Und woher stammt dies Mißgeschick?
Er trieb das Dichten, trieb Physik,
Studirte Knochen und Politik,
Trieb Pflanzenkunde und schrieb Dramen
Und — Alles mit ein und demselben Namen.
Ein Mensch, der soviel sich erfrecht,

Verletzt der Mitwelt zart' Geschlecht.
Weit wen'ger zwackt der Neid an ihm,
Trägt er ein Masken-Pseudonym.

Hamlet.

Und Neid und Mißgunst nicht allein,
Noch manches andere spielt hinein,
Daß sich ein Größter oft verkroch
In's pseudonyme Mauseloch.

Prinz Heinrich.
<small>Zu Polonius.</small>

Denkt einmal, Ihr hießet S ch w e i n —
Wird das förderlich Euch sein?
Schreibt Ihr jemals ein Gedicht,
Stört Euch dann das Wörtchen nicht?
Drucktet Ihr wohl jemals Dramen
Unter dem Familiennamen?
Bringt 'nen Hamlet auf's Theater,
Auf dem Zettel S ch w e i n als Vater?!

— — —

Bacon heißt in England S p e ck ...
Husch, in's Pseudonym-Versteck!

Falstaff.

Meine offne Seele spricht:
Pseudonyme mag ich nicht!
Schrieb' ich je Theaterplunder,
Setzt' ich auch mein F a l st a f f drunter.

Hamlet.

Einstmals hört' ich einen sagen,
Shakespeare sei ein Leinwandkragen.

Und ein zweiter wußte nur,
Shakespeare sei 'ne Gipsfigur.
Ja, der dritte sagte mir,
Schäcks-Bier sei ein Lagerbier.

Zu Polonius, Falstaff und Shylock-Cohn.

Edle Herren, lächelt nicht,
Wenn die Einfalt also spricht.
Manche Shakespeare-Theorie...

*Er blickt Prinz Heinrich lächelnd an. Dieser nimmt ihm das Wort
von den Lippen.*

Prinz Heinrich.
Weiß ja auch kaum mehr als die.

Shylock-Cohn *dumm lächelnd.*

Scheen gesagt!

Polonius.
O Übermuth!

Falstaff *zieht blank.*

Das galt uns. Das fordert Blut!

Shylock-Cohn.
So was sind' ich ungesund,
Da bleibt Cohn im Hintergrund.

*Die andern haben gleichfalls blankgezogen, und man sieht sich feindlich
gegenüber.*

Frau Hurtig.
Gebt Ruh', sonst ruf' ich die Polizei!

Die Gegner nähern sich.

Frau Hurtig und **Dortchen** *rufen zu Thür und Fenster hinaus.*

Zu Hilfe! Mörder! Helft! Helft! Herbei!

Fünfte Scene.

Lord Oberrichter tritt über die Schwelle. Hinter ihm zwei Konstabler.

Frau Hurtig.

Wie, Ihr? — Mylord, habt tausend Dank! —
Und immer noch die Waffen blank?

Falstaff bemerkt erst jetzt die Eingetretenen.

Wer da? Grüß Gott, Lord Oberrichter!
Gelt, William Shakespeare ist ein Dichter?

Lord Oberrichter.

Laßt ab!

Alle Degen werden eingesteckt.

Wo soll das noch hinaus?
Von Platz zu Platz, von Haus zu Haus,
Allüberall die Rauferei,
Ob's Bacon oder Shakespeare sei!

Prinz Heinrich.

Laßt toben ihn von Haus zu Haus,
Ruhmvoll und ehrlich ist der Strauß.

Shylock-Cohn.

Mylord, was wer zuweilen spricht,
Das glaubt er manchmal selber nicht.
Die Bacon-Aktien stehn jetzt gut,
Nun prangelt er uns bis auf's Blut.

Hamlet.

Dies Wort, es brennt wie Wespenstich;
In seine Seele schäm' ich mich.
Daß man Gesinnung haben kann,
Das staunt er als ein Wunder an;
Daß man für Überzeugung ficht,
Begreift er nicht —
Armsel'ger Wicht!

Polonius.

Mylord, Ihr ahnt gewiß es schon:
Ich kämpfe für die Tradition.
Hingegen manche junge Herrn
Behaupten Unbewies'nes gern.

Prinz Heinrich.

Nur hübsch auf ausgefahrnem Gleise,
Das ist der Zunftherrn Lieblingsweise.

Hamlet.

Ob Bacon Shakespeare ist, das heißt für sie
Und all ihr Thun: to be or not to be.

Lord Oberrichter.

Man streitet hin, man streitet her,
Ob's Shakespeare oder Bacon wär',
Und sollte doch vor allem fragen,
Was beide selber dazu sagen.
Die wackre Londoner Polizei
Holt sie im Fluge uns herbei.

Die Konstabler.

Wir fliegen, wenn Mylord belieben.

<small>Lord Oberrichter beauftragt flüsternd die Konstabler. Diese wenden sich zum Gehen. Lord Oberrichter ruft ihnen nach.</small>

Lord Oberrichter.

Und, hört Ihr — auch was sie geschrieben!

<small>Beide Konstabler ab.</small>

Polonius.

Mylord, schon Shakespeare's Dichterleben
Kann Aufschluß aller Art uns geben. —
In Stratford kam er auf die Welt ...

Hamlet.

Nie ward in Zweifel das gestellt.

Polonius.

Sein Vater war ein Handschuhmacher ...

Frau Hurtig.

Und dennoch hat er Widersacher!?

Polonius.

Mit achtzehneinemhalben Jahr ...

Hamlet.

Wo ich ein Gymnasiast noch war.

Polonius.

Trat plötzlich er in seine Eh'
Mit Jungfer Anna Hathaway.

Falstaff.

So steht's noch jetzt im Kirchenbuch.

Frau Hurtig.

Wo ist nur gleich mein Taschentuch?

Polonius.

Mit neunzehn Jahren tauft' er schon
Thatkräftig seinen ersten Sohn.

Prinz Heinrich.

Er sorgt für Population.

Polonius.

Und als er einundzwanzig war,
Schenkt' Anna ihm ein Zwillingspaar ...

Shylock-Cohn.

Exorbitant!

Falstaff.

Genial!

Frau Hurtig und Dortchen.

Famos!

Polonius.

Bald riß er sich von Stratford los
Und ging nach London, ganz allein ...

Lord Oberrichter.

Kam die Familie hinterdrein?

Polonius.

Vier Mann hoch? Selbstverständlich nein.

Lord Oberrichter.

Und was trieb nun der junge Vater?

Polonius.

Er hielt die Pferde vor'm Theater ...

Prinz Heinrich.

Zu Lear, zu Macbeth und zu Hamlet
Hat er Gedanken hier gesammlet.

Polonius.

In Mußestunden schrieb er da
Sein Epos, die „Lucretia" ...

Shylock-Cohn.

Ja, wenn man das gewohn' is!

Polonius.

Und „Venus und Adonis". —
Er strebte stets nach höhern Zielen.
Bald lernte er Theaterspielen,
Und jetzt, Lord Oberrichter,
Ist er der größte Dichter.

Lord Oberrichter.

Und, Prinz, könnt Ihr uns Aufschluß geben:
Wie steht's um dieses Kanzlers Leben?

Prinz Heinrich.

Der bracht' es in der Jugendzeit,

Trotzdem er Londoner, nicht so weit.
Mit vollen fünfundvierzig Jahren
Ward er zur Trauung erst gefahren;
Und Kinder — soviel ich vernommen —
Hat Francis Bacon nie bekommen.

Dortchen.
Ei, wie fatal!

Frau Hurtig.
Zuviel Moral!

Shylock-Cohn.
Und nicht im mindesten genial.

Falstaff.
Und sagt, aus welchen Kreisen stammt er?

Polonius.
Sein Vater war ein Staatsbeamter,
Und seine Mutter trieb Latein ...

Prinz Heinrich.
Auch etwas Griechisch obendrein.
Er hat von jeher viel gelesen ...

Polonius.
Kurz, ist ein altklug' Kind gewesen.

Frau Hurtig.
Aus so 'nem Kind, ich kenne das,
Wird nur gar wunderselten was.

Lord Oberrichter.
Ganz recht. Bei Bacon, liebe Frau,

Stimmt's aber doch wohl nicht genau.
Denn dieser Francis Bacon ist
Staatsmann geworden und Jurist,
Thät uns ein ernst' Geschichtswerk schenken,
Lehrt uns das induktive Denken
Und bracht' uns auf die rechte Spur
Beim Studium der All-Natur.
Dazwischen schrieb sein Federschnabel
Bald ein Essay, bald 'ne Parabel.

    Falstaff und Dortchen.
Pfui!

    Frau Hurtig.
Dortchen, halt' die Ohren zu!

    Lord Oberrichter.
Hier kommt er. Still, man gebe Ruh'!

Sechste Scene.

Francis Bacon tritt ein, hinter ihm der erste Konstabler mit zwei Folianten unter dem Arme. Der Konstabler ordnet Tisch und Stühle zur Verhandlung und legt dann die beiden Bücher übereinander auf den Tisch. Man begrüßt sich gegenseitig durch ernste Verbeugung.

    Lord Oberrichter.
Mylord, ich dank' Euch für das schnelle Kommen. —
Es ist ein heller Geisterbrand entglommen,
Hoch loht es auf, man rottet sich zusammen,

Ganz London, ganz Europa steht in Flammen.
Der Welt zum Frieden frag' ich Euer Lieben:
Habt William Shakespeare's Werke Ihr geschrieben?

Francis Bacon.

Mylord, Gerüchte — toller Zeitvertreib —
Frau Fama ist ein vielgeschwätzig Weib.

Frau Hurtig zu Falstaff.

Da haben wir's, kaum öffnet er den Schnabel,
So springt Frau Fama 'raus — auch 'ne Parabel!

Falstaff.

Und ich, mit Schaudern denke ich daran,
So fängt der zweite Theil vom vierten Heinrich an!
Gebt Acht, das ist ein schlauer Kunde.

Lord Oberrichter.

Vernahm man Wahrheit nie aus Volkes Munde? —
Solch ein Gerücht lief auch im Publikum
Lebhaft in jenen Essex-Tagen um.
Als man bedroht der Kön'gin Thron und Leben,
Da ward zum Aufreiz jenes Stück gegeben,
Wo man der Königswürde auch nicht schont,
Wo kühn den zweiten Richard man entthront.
Elisabeth durchschaut's mit klugem Sinn —:
„Wißt ihr denn nicht, daß ich der Richard bin?!"

Francis Bacon.

So, dieses Drama hätte ich geschrieben?
Und wäre Rath der Königin geblieben? —
Im Übrigen, derlei Moralgeschichten

Kann jeder beſſere Quartaner dichten;
Zu ſolch hiſtor'ſchen Bühnen-Tändelei'n
Muß man doch nicht grad' Francis Bacon ſein.

Lord Oberrichter.

So gebt Ihr alſo zu (wornach zu richten):
Wenn ich nur will, ſo kann ich Dramen dichten.
Als junger Rechtsanwalt bewieſt Ihr's ſchon.

Francis Bacon.

Ich bitte ſehr, Mylord, o ſchweigt davon!
Bierſpäße, luſtige Studentenſchwänke —
Faſt werd' ich roth, wenn ich von fern dran denke.

Polonius.

Da hört Ihr's ja mit ſeinem eignen Wort,
Daß er kein Dichter iſt, der edle Lord!

Francis Bacon.

Daß ich es nicht bin? Hätt' ich das geſagt?

Prinz Heinrich.

So gebt Ihr zu, daß Ihr die Maske tragt?

Francis Bacon.

Daß ich es bin? Das ſagt' ich gleichfalls nicht.
Ihr ſucht bloß, was man zwiſchen Zeilen ſpricht.

Lord Oberrichter.

Man fand, Mylord, auch einen Bucheinſchlag,
Drin mancherlei von Eurer Feder lag.
Ein Inhalt war dabei mit Namen
Von jetzt berühmten Shakeſpeare-Dramen,

Und mehr denn wohl der Male sieben
Stand „William Shakespeare" draufgeschrieben.
Mylord, wo sind die Manuskripte hin!

Francis Bacon.
So frag' auch ich und finde sie nicht drin.

Prinz Heinrich.
Und im Geschichtswerk habt Ihr nach Belieben
Oft lange Sätze ganz im Vers geschrieben.

Polonius.
Als ob das oft durch Zufall nicht passirt.

Prinz Heinrich.
Nicht dem, der seine Feder so regirt.

Hamlet.
Und viele Jahre ging in seinem Haus
Der Dramenmann Ben Jonson ein und aus.

Prinz Heinrich.
Fünf Jahre wohnte er sogar bei ihm
Und nennt es klug, schreibt einer pseudonym.

Lord Oberrichter.
Und ein Ben Jonson — der zu dichten weiß! —
Giebt diesem, diesem hier Er zeigt auf Bacon
          den ersten Preis!
Was sagt Ihr nun, Mylord?

Francis Bacon.
      Ich halte still.
Denn, wahrlich, wenn ich mich verstecken will,
Fang' ich's gewöhnlich etwas schlauer an,

Als daß mich jeder Schulbub' finden kann.
Dort liegen meine Schriften alle. Geht
Und sucht, ob wo der Name „Shakespeare" steht!

Lord Oberrichter blättert im oberen Buche.

Wie kommt's, in Eurer Encyklopädie
Find' ich so oft das Wörtchen Poesie?
Es meinen viele doch, ein Abgrund klafft
Zwischen der Dichtkunst und der Wissenschaft.

Francis Bacon.

Es sagen's viele, das besagt nicht viel;
Das Wer, behaupt' ich, kommt dabei in's Spiel.
Dichtkunst ist mir die hehre Wissenschaft
Der Einbildungs- und der Erfindungskraft.

Polonius.

Die Wissenschaft braucht nichts als nur Vernunft.

Hamlet.

So lehrt die trockne Stubenhockerzunft.

Prinz Heinrich.

Wo ist der Mann, der Großes je gedacht
Und nicht die Phantasie dabei entfacht?

Francis Bacon.

Die Poesie ist eine Wunderpflanze
Von süßem Duft, von heiterm Farbenglanze,
Die aus der Erde Wollust bricht hervor
Und über alle Wipfel rankt empor.

Frau Hurtig.
Der Mann guckt so in's Blaue 'nein!
Falstaff.
Sollt's doch vielleicht ein Dichter sein? —
Lord Oberrichter.
Beschäftigen wir jetzt uns eine Weile
Mit dieser Bacon-Schriften zweitem Theile.

Er schlägt den zweiten Band auf, stutzt und liest:

„Master William Shakespeare's Komödien, Historien und
Tragödien. London 1623."
Auf dieses Exemplar leist' ich Verzicht;
Mylord, ich denke doch wir brauchen's nicht.
Bald wird, gleich Euch citirt, allhier erscheinen
Herr William Shakespeare mit dem seinen.

Francis Bacon *tritt herzu und blättert in dem Shakespeare-Band.*
Schau', schau', was giebt's nicht alles in der Welt!
Zur Ansicht hat mir's einer zugestellt,
Der bei Sankt Paul 'nen Laden hat in Pacht.
Nur aus Versehn hat man's hieher gebracht.

Siebente Scene.
Der zweite Konstabler tritt ein.
Polonius.
Wo bleibt er, den des Dichters Lorbeer ziert?
Zweiter Konstabler.
Nach Stratford ist er eben abkutschirt. —

Kaum hörte er, weshalb er sollte kommen,
So hat er gleich sich Extrapost genommen.
„Mich braucht Ihr ja doch schließlich gar nicht dort,
Er ist ja selber so gescheit, der Lord.
Fragt den, fragt den — für mich ist's höchste Zeit —
Wenn Ihr um irgend was verlegen seid."

Lord Oberrichter.

Welch unerklärlich, wundersam Gebahren!

Zweiter Konstabler.

Und so ist er nach Stratford abgefahren.

Lord Oberrichter.

Und wo ist das, was dieser Mann geschrieben?

Zweiter Konstabler reicht einen Brief hin.

In diesem Brieflein, wenn Mylord belieben.

Lord Oberrichter nachdem er den Brief geöffnet

Fünf Unterschriften? Das soll Alles sein?

Zweiter Konstabler.

Er steckte in's Kouvert sonst nichts hinein.

Lärm draußen.

Lord Oberrichter.

Welch wüster Lärm! Schaut vor die Thür!

Der zweite Konstabler öffnet die Thür, draußen hört man rufen:

Hoch, hoch Jack Cade! — Hier is es, hier!

Achte Scene.

Jack Cade, Dick der Metzger, Schmidt der Weber und
ein wilder Volkshaufe brechen herein.

Jack Cade.

Immer 'rein! hier wird's nu heiter!

Stimmen der Nachdrängenden.

Freiheit!... Gleichheit!... Un so weiter!

Jack Cade zu den bereits Anwesenden.

He, verwünschte Bildungsbrut,
Die mit Weisheit dicke thut!
Was gehn einen Biedermann
Bacon oder Shakespeare an?

Dick der Metzger.

Nur wenn alle, alle dumm,
Dann gedeiht das Publikum.

Stimmendurcheinander.

Bravo!.. Dick soll leben!.. Alle dumm!.. Publikum!

Schmidt der Weber.

Denken, Schreiben, Drucken, Lesen
Is von je ein Greul gewesen.

Alle.

Hurrah!

Dick der Metzger.
Pfählen, spießen und verbrennen
Muß man alle, die es können!

Alle.
Hurrah! Hurrah!

Shylock-Cohn.
Tritt zitternd und athemlos zu Jack Cade.

Ein Wort,
Mylord!
Bin der Bankier Shylock-Cohn,
Schwärmte längst für Gleichheit schon,
Schieße gern was Baares vor,
Hier sind fünfzig Louisd'or. —
Diese Damen — *er zeigt auf Frau Hurtig und Dortchen.*

Jack Cade hat das Geld durchgezählt.
'S stimmt, Sir Cohn.

Shylock-Cohn.
Freu'n sich meiner Protektion.
Shylock-Cohn tritt mit Frau Hurtig und Dortchen auf die Seite des Volkshaufens.

Jack Cade.
Und was is hier zu sehn? God damn,
Das is ja Baron Verulam.

Dick der Metzger.
Der Bacon, der 'n Schwein hat im Wappen laufen?
Is was für Metzger. Den will ich mir kaufen.

Schmidt der Weber.
Der England mit Schottland zusammengekoppelt!

Dick der Metzger.
Strafe muß sein, der Kerl stirbt doppelt!

Schmidt der Weber.
Er soll's. Und der, o Schmach und Schand'!
Den Namen „Großbritannien" erfand.

Jack Cade.
Ein englischer Bismarck! Das sagt genug.
Von je zum Herrschen viel, viel zu klug.

Schmidt der Weber.
Trieb allerhand Hallotria,
Selbst Heimlichkeiten hier und da.

Dick der Metzger.
Hat, Pfui! mit Schauspielervolk verkehrt.

Jack Cade.
Ein Lump, so wenig wie Shakespeare werth!

Dick der Metzger.
Hat jung sich in Frankreich rumhergetrieben —

Jack Cade.
Und dann dicke Schwarten voll Blech geschrieben.
Liegt nicht solch Zeug da auf dem Tische?

Einige aus dem Haufen.
Wo? wo?

Andere.
Verbrennt's!

Wieder andere.
Zerreißt's in Wische!
Als Jack Cade Hand an die Bücher legen will, springt Hamlet auf und hält ihm den gezückten Degen vor die Brust.

Hamlet.
Die Hand weg! oder büß' die Witze
Mit der Bekanntschaft dieser Spitze.

Falstaff zieht das Schwert.

Mein Shakespeare hoch! Heraus die Wehre!

Prinz Heinrich den Degen in der Faust.

Wir wahren, Schriftthum, deine Ehre.

Lord Oberrichter.
Zurück, Abschaum der Barbarei!

Jack Cade.
Hoch, drei Mal hoch die Polizei!

Alle seine Anhänger.
Hoch, drei Mal hoch die Polizei!

Polonius.
Zieht schwerfällig, aber zitternd vor Wuth seinen Degen.

Den Schädel schlag' ich ihm in Scherben!
Für Shakespeare's Ehre laßt mich sterben!

Jack Cade.
Scheen, alter Narre, wunderscheen
Die Sache wird gleich vor sich gehn.
Mein Volk, ich zähle Eins, Zwei, Drei,

Und dann beginnt die Metzelei.
Der wilde Volkshaufen zieht Messer, schüttelt die Lanzen, hebt Schwerter, Keulen und Dreschflegel hoch.
Was Bildung hat, das mach' mer kalt!
Achtung! Eins, zähl' ich, Zwei und...

     Francis Bacon.

Halt!
Gewalt weicht stärkerer Gewalt.
Auf eine Handbewegung bleiben alle Anwesenden wie versteinert in ihrer augenblicklichen Stellung.
Wer Euch, Ihr Scheinen, auch erdacht,
Die Wissenschaft bleibt höchste Macht.
Der Wahrheit beugt sie sich allein,
Und Eins sind Wissen ihr und Sein.
Was aber wär' dies kurze Leben,
Böt' es nur nackte Wahrheit eben,
Stünd' nicht die Phantasie bereit,
Ihr umzuthun ein Feenkleid?
Wer möchte deine Zauber missen —?
Dichtkunst, du bist ein Traum vom Wissen!
Der süßeste, der schönste Traum
Am holden, goldnen Lebensbaum.
Ihr Schatten all', ich zürn' Euch nicht,
Ihr thatet wacker Eure Pflicht.
Geschmäht wie oft, doch mehr bewundert
Durchlebtet Ihr schon manch Jahrhundert.
Dem dünkt Ihr dies und jenem das.
Für nichts schätzt Euch Simplicitas. —
Hier steht mit blödem Hirn Jack Cade.
Ihr habt hier nichts zu thun mehr Geht!

In Cheapside wird frisch angesteckt —
Jack Cade und seine Genossen gerathen bei diesem Worte in die erste leise Bewegung.
Hei wie Ihr schon die Lippen leckt!
Bacon macht eine heftige gebieterische Bewegung.
Gesindel fort!
Die Musik spielt leise den Handwerkermarsch aus Mendelssohn's Sommernachtstraum.
Ein Gläschen Bier
Gilt mehr als alle Dichtkunst dir.
Unter den Klängen des Marsches ziehen Jack Cade und die Seinen, Frau Hurtig, Dortchen und Shylock-Cohn ab.
Falstaff, Polonius, Lord Oberrichter, Prinz Heinrich und Hamlet stehen noch immer unbeweglich. Die Musik wird leiser und verstummt. Der Redende wendet sich zu ihnen.
Wie anders Ihr, die Ihr bereit
Das Gute zu verfechten seid.
Zu Falstaff und Polonius.
Ihr tratet für dies Buch hier ein,
Der Dichter muß Euch dankbar sein.
Vielleicht, o Freund Polonius,
Erblüht mir noch der Hochgenuß,
Daß Ihr, was Euch verächtlich jetzt,
Einst Francis Bacon's Werke schätzt.
Zu den Prinzen.
Ihr leiht der Wahrheit kühn das Wort!
Doch, wer sie sagt, wäg' Zeit und Ort!
Sie thut nicht gut in jedem Falle,
Und nackt ist niemals sie für alle.
Zum Lord Oberrichter.
Und Ihr, mein edler Oberrichter,
Ihr schätzt den Weisen wie den Dichter;

Doch nimmer giebt es ein Gericht,
Das Recht ob Kunst und Wissen spricht.
Zu den Büchern gewendet.
Hier diese Zeugen werden reden,
Wenn auch vernehmlich nicht für jeden.
Noch manchem wird's ein Räthsel bleiben,
Wer dich, o Buch, vermocht' zu schreiben.
Ob ich, ob ich es nicht gewesen —
Ich freue mich, wenn sie dich lesen.
Die Musik setzt leise mit dem Notturno aus Mendelssohn's Sommernachtstraum ein. Melodrama.
Bacon wieder zu den fünf Mitspielenden gewandt.
Und Euer freu' ich mich nicht minder,
Die Ihr der Schauspielkunst Euch weiht,
Die Ihr des Dichters Musenkinder
Neu zu verkörpern stets bereit.
Wer Menschen uns vermag zu geben
Und setzt sein eigen Herz daran,
Der giebt das Höchste, was das Leben
An Kunst und Wissen bieten kann.
Er wendet sich und geht langsamen Schrittes ab.
Die Musik klingt eine kurze Weile fort. Als sie leise ausgeklungen,
fahren die Fünf wie aus einem Traume auf.

Stimmendurcheinander.
Wer sprach? Was? Ho? Wer da? Shakespeare?
Bacon! Bacon-Shakespeare?!

Polonius lallend.
Hielt hier nicht einer eine Rede?

Prinz Heinrich.
Wir standen doch in heller Fehde.

Falstaff.
Die Plempe halt' ich in der Hand?
Hamlet.
Mein Gegner eine kahle Wand?!
Lord Oberrichter.
Däucht es mich recht, sprach hier ein Mann,
Der mehr als andre weiß und kann.
Polonius zu Hamlet.
Ihr wart mein Gegner.
Falstaff zum Prinzen Heinrich.
Ihr mein Feind.
Lord Oberrichter.
Ein Höheres hat Euch vereint.
Er zeigt auf die Bücher.
Zu dieser Geistesthaten Schutz
Bot Euer Muth dem Pöbel Trutz.
Vereint kämpft weiter immerdar
Für das, was gut und schön und wahr.

Neunte Scene.

Die Hinterwand des Zimmers öffnet sich und läßt durch
einen Spalt Puck hindurchschlüpfen.
*Hierzu, wenn's beliebt, die Musik des Elfenmarsches aus Mendelssohn's
Sommernachtstraum.*

Puck mit einem Kranze
Wo ist er, sagt? daß Puck ihn schmücke,
Des Lorbeers Zier auf's Haupt ihm drücke.

Falstaff.
Wer ist der Knirps, drei Spannen kaum?
Prinz Heinrich leise.
Ein Elfenkollege — Sommernachtstraum.
Falstaff.
Ich glaube fast, uns narrt der Sekt.
Polonius.
Was mag es sein, das er bezweckt?
Puck.
Ja, ja, Du alter Bärbeiß Du,
Auch ich gehöre mit dazu.
Ich bin, Ihr Herrn, das glaubet mir,
Sein Musenkind so gut wie Ihr.
Auch komm' durchaus ich nicht allein,
Gar viele möchten noch herein.
Falstaff.
Das giebt dann wieder so'n Gedränge.
Polonius.
Die Stube ist doch viel zu enge.
Puck.
Hei, wollt ihr dem Gedanken wehren?
Muß ich, der Schelm, Euch erst belehren? —:
Ein schöner Traum
Hat allzeit Raum;
Die Phantasie, sie kennt kein Ende,
Sie kehrt sich nicht an Stubenwände.

Zehnte Scene.

Die ganze Hinterwand öffnet sich. Die Musik intonirt leise den Hochzeitsmarsch aus Mendelssohn's Sommernachtstraum. Aus Wolkenschleiern tritt eine gedrängte Schaar der bekanntesten Shakespearefiguren hervor. Buntes Durcheinander: Romeo und Julia, Lear und Cordelia, Othello, der Kaufmann Antonio, Titania und Zettel (mit Eselskopf), Caesar, Coriolan, englische Könige und Ritter, Edelfrauen, Malvolio, Narren, Löwe und Mondschein, Sommernacht-Elfen, Petrucchio und Katharine, Prospero, Caliban, Antonius und Cleopatra, Timon, Macbeth, römisches und englisches Volk. Wenn's beliebt, kann sich, unter Führung von Puck, aus dem Tableau ein kurzes Ballet von Elfen, Kindergenien oder Naturgeisterchen loslösen. Im Tableau erscheinen auch Frau Hurtig, Dortchen und Shylock-Cohn auf einer Seite im Vordergrunde.

Als die Musik im Ausklingen ist, spricht:

Puck.
Nun sagt, wo habt Ihr ihn, den Mann,
Daß meine Hand ihn krönen kann?

Hamlet.
Der Mann ist fort. Doch Heil, Ihr Lieben,
Sein bestes Theil ist uns geblieben!

Frau Hurtig etwas heraustretend.
Zwei Bücher nennt er beßres Theil?

Dortchen ebenso.
Verrückt! und ruft dazu noch Heil!

Shylock-Cohn laut und vorwurfsvoll.

Ja, sind wir denn in einer Wüste?
Hat's hier denn keine Shakespeare-Büste?!

Hamlet.

Was gilt uns Stein? was gilt uns Erz?
Auf die Bücher weisend.
Hier liegt sein Geist, hier liegt sein Herz.
Und kann auf seiner Stirn kein Lorbeer glänzen,
So laßt uns sein Unsterbliches bekränzen.

Hamlet tritt auf die Seite des Bacon-Buches, Puck auf die Seite des Shakespeare-Buches. So halten beide gemeinsam den Kranz hoch über den Büchern schwebend.

Musik: Hochzeitsmarsch.

Puck.

Nun wird wohl gar der Kranz zum Richter?
Wohin er fällt, das ist der Dichter?

Hamlet.

O daß er nie dann meiner Hand entfalle!
Die nackte Wahrheit ziemt sich nicht für alle.

Die Musik wird stärker und stärker, der Vorhang sinkt langsam.

Edwin Bormann.

DAS SHAKESPEARE-GEHEIMNISS.

Lexikonformat, 356 Seiten Text, 68 Seiten Abbildungen und 2 Buntdrucktabellen. Preis elegant cart. M. 20.—. In feinem Halbfranzband M. 22.50.

Das Werk liefert den unwiderleglichen Beweis, dass die Shakespeare-Dramen von Francis Bacon, Baron von Verulam, Viscount St. Alban, Lordkanzler von England, geschrieben und unter der Maske des Schauspielers William Shakespeare veröffentlicht worden sind, ja dass sie sich naturgemäss in Bacon's „Grosse Erneuerung der Wissenschaften" einreihen. Es ist von gleichem Interesse für den Gelehrten wie für jeden Freund der Poesie, streng wissenschaftlich und doch allgemein verständlich und anregend geschrieben. Aus der grossen Anzahl zustimmender Urtheile einige Proben: Georg Bötticher im Leipz. Tgbl: Das Bormann'sche Werk ist ein neuer Triumph deutscher Wissenschaftlichkeit, deutschen Scharfsinns und deutscher Gewissenhaftigkeit. Felix Dörmann im Kl. Journal, Berl.: Niemals ist die viel umstrittene Frage, ob der Verfasser der Shakespeare-Dramen nicht vielleicht doch der englische Kanzler Sir Francis Bacon, Baron of Verulam, sei, mit einem so überzeugten „Ja" beantwortet worden — und noch niemals wurde ein „Ja" mit grösserer Berechtigung gesprochen. Graf Vitzthum von Eckstädt, Dresden: Im Shakespeare-Geheimniss ist der von uns längst gesuchte Beweis für die Autorschaft Bacon's endlich erbracht. Dr. Julius Stinde, Berl.: Das ist ja eine herrliche Arbeit, Ihr „Shakespeare-Geheimniss". Welcher Fleiss, welche Gründlichkeit und welch heller klarer Blick. Sie haben mich vollkommen überzeugt. Dr. Karl Müller, Halle a. S : Das wird und muss Bormann die Literaturgeschichte danken als eine That. Universum, Dresden: Das Bormann'sche Buch ist kein Buch, wie so viele andere, es ist ein bedeutendes Buch. Boston Evening Transcript: The author of this epoch-making work has surprised those who do not know him more closely by his profound philological and philosophical knowledge, by his logic and inductive reasoning. Dr. Julius Bruck in den Leipz. N. Nachr.: Es ist ein Werk, mit dem ein bis dahin als Humorist und sächsischer Dialectdichter hervorragender Mann sich den ernstesten Forschern würdig an die Seite stellte. Anton Bing i. d. Wochenschau f. dram. Kunst. Frankf. a. M: Mit einem Worte, Bormann's Werk ist in jeder Hinsicht von hoher Bedeutung. W. L. Rosenberg im Westen, Chicago: Bormann's Studien-Werk ist als eine wahre Schatzkammer gründlichen Wissens zu betrachten. August Niemann in d. Grenzboten: Das Werk verleiht uns Deutschen neuen Ruhm zu dem alten, den wir uns schon um Shakespeare wie um Bacon, den Engländern vorangehend, erworben haben. Ueberdies liegen vor zustimmende Urtheile von: Prof. Dr. William Marshall-Leipzig. Prof. Dr. Cantor-Halle a. S., Prof. Dr. Walther Hempel-Dresden, D. Haek-Berlin, Ernst Brausewetter-Berlin, Rudolph Freiherr Prochazka-Prag, Victor Blüthgen-Freienwalde a. Oder, Mrs. Henry Pott-Loudon, W. F. C. Wigston-Insel Wight, Direktor William Müller-New York, Dr. Julius Lohmeyer-Berlin, Prof. Dr. Ernst Kalkowsky-Dresden, Dr. Robert Waldmüller-Duboc, Dresden; sowie von Dutzenden deutscher, englischer, amerikanischer Zeitschriften. —

Mr Harry Brett in Leipzig übertrug im Zusammenarbeiten mit dem Autor das Werk in's Englische. — Die Lektüre des „Shakespeare-Geheimniss" steigert den Genuss an den Dramen um ein Gewaltiges, sie erklärt auf das Natürlichste so vieles Räthselhafte und lehrt die Welt einen Genius kennen in einer Grösse, von der sie bisher kaum eine Ahnung hatte.